AVANT-PROPOS.

Augustin-François de Silvestre, membre de l'Institut de France (Académie des Sciences), ancien lecteur et bibliothécaire des rois Louis XVIII et Charles X, secrétaire perpétuel honoraire de la Société centrale d'Agriculture, chevalier de la Légion-d'Honneur et de l'ordre royal de Saint-Lazare, etc. etc., etc., était né à Versailles, le 7 décembre 1762, d'une famille connue depuis plus de deux siècles, par le goût et la pratique des arts. Son trisaïeul, Israël Silvestre (1), dont l'œuvre complet et si justement renommé, figure dans le Catalogue qu'on va lire, reçut de Louis XIV les fonctions de maître à dessiner des enfants de France.

Héritier de cette charge, l'aîné de ses fils, Charles-François Silvestre, eut pour élèves les trois princes, petits-fils du grand roi, le duc de Bourgogne, disciple chéri de Fénelon, espoir du trône et de la France, le duc d'Anjou, devenu plus tard Philippe V, roi d'Espagne, et le duc de Berry, enlevé, comme l'aîné de ses

(1) Né en 1621, mort en 1691.

frères, par une mort prématurée (1). Charles-Nicolas Silvestre, Jacques-Augustin Silvestre, père d'Augustin-François, dont il est ici question, prirent successivement, comme maîtres à dessiner, part à l'éducation des enfants de France, fils et petits-fils du roi Louis XV. Destiné aux mêmes fonctions, à la même carrière, Augustin-François de Silvestre, après avoir terminé ses études littéraires, fut envoyé, dès sa première jeunesse, par son père, en Italie, pour y étudier les modèles et se perfectionner dans le dessin et la peinture. Il revenait en France, après trois ans de séjour sur la terre classique de l'art, et il allait, comme investi de la survivance, s'adjoindre aux travaux paternels, lorsque des circonstances particulières, indépendantes de sa volonté et contraires au vœu de sa famille, vinrent changer la direction de sa vie, mais non celle de ses instincts et de ses goûts. D'artiste qu'il avait été jusqu'alors, M. de Silvestre devint l'amateur le plus éclairé, le plus habile à rechercher et à découvrir les richesses qui pouvaient ajouter au cabinet de peintures et de dessins, précieux héritage transmis par Israël Silvestre à ses descendants, incessamment grossi par leurs soins, et placé, dans l'opinion des connaisseurs, au premier rang des collections artistiques par la perfection du goût de Jacques-Augustin Silvestre.

Attaché, dès 1781, à la personne de Monsieur, comte de Provence, depuis Louis XVIII, Augustin-François

(1) Les enfants de M. de Silvestre sont encore aujourd'hui possesseurs des cahiers de dessins à la plume des trois jeunes princes; on y suit, pour ainsi dire, jour par jour, leurs progrès. Ils conservent surtout pieusement deux dessins faits avec un soin particulier par le duc de Bourgogne et le duc d'Anjou pour leur maître C. F. Silvestre; ces dessins portent dates et signatures authentiques.

4 décembre 1851.

CATALOGUE
COLLECTION
DE
TABLEAUX
DESSINS ANCIENS,
DE GRANDS MAITRES,
DES ÉCOLES D'ITALIE, D'ALLEMAGNE, DES PAYS-BAS & DE FRANCE,

D'ESTAMPES ANCIENNES,

Et OEUVRES gravées de Breemberg, Ismaël Silvestre, La Belle, Tiepolo, etc.,

OBJETS DE CURIOSITÉ,

TERRES CUITES, IVOIRES SCULPTÉS, BRONZES, ETC.,

Qui composaient le cabinet de M. le Bon de SILVESTRE,

Membre de l'Institut,

La vente aura lieu par suite de son décès,

LES JEUDI 4, VENDREDI 5 ET SAMEDI 6 DÉCEMBRE 1851,

HEURE DE MIDI,

Et le soir à six heures.

HOTEL DES VENTES,
RUE DES JEUNEURS, N. 42,

Par le ministère de Me BONNEFONS DE LAVIALLE,
Commissaire-Priseur, rue de Choiseul, n. 11,

Assisté de M. DEFER, Expert, quai Voltaire, n. 21,

Chez lesquels se distribue le présent Catalogue.

———≪≫———

EXPOSITION PUBLIQUE

Le Mercredi 3 Décembre 1851, de midi à cinq heures.

———⚬———

PARIS

IMPRIMERIE ET LITHOGRAPHIE MAULDE ET RENOU,
Rue Bailleul, 9-11, près le Louvre.

—

1851

Exemplaire de Beurdeley père

ORDRE DES VACATIONS.

1re VACATION.
Jeudi 4. — Dessins et Tableaux.

2me VACATION.
Vendredi 5. — Dessins, Tableaux et Curiosités.

3me VACATION.
Samedi 6 à midi. — Dessins et Œuvres gravés de maîtres.

4me VACATION.
Samedi 8 à six heures. — Le restant des Dessins et les Estampes.

CONDITIONS DE LA VENTE.

Elle sera faite au comptant.

Les acquéreurs paieront, en sus des adjudications, cinq pour cent applicables aux frais de vente.

de Silvestre devint en 1783, lecteur et bibliothécaire de ce prince. Sans déserter, à beaucoup près, le culte de l'art, il consacra dès-lors entièrement à l'étude des sciences les loisirs que lui laissaient ses nouvelles fonctions. Les sciences, après que la révolution eut ruiné sa famille, offrirent à M. de Silvestre un refuge contre les orages révolutionnaires. Elles lui ouvrirent plus tard une carrière nouvelle, celle de l'administration publique. Membre du Conseil général d'agriculture, établi près du ministère de l'Intérieur, dès la première année du consulat, membre de l'Institut dès 1806, il fut successivement appelé à diriger, au ministère de l'Intérieur, l'agriculture, les haras et la statistique générale de la France. Il ne quitta ses travaux administratifs, que pour reprendre près du roi Louis XVIII les fonctions de lecteur et de bibliothécaire, où le maintinrent les bontés du roi Charles X, et que lui enleva la révolution de 1830 :

Toujours fidèle à ses goûts artistiques, au milieu des préoccupations d'une vie si diversement laborieuse, M. de Silvestre, après la mort de son père, en 1809, s'était rendu acquéreur d'une partie du cabinet de famille. Il en avait fait le noyau d'une collection nouvelle de tableaux, d'estampes et dessins originaux, appartenant aux meilleures écoles, œuvres des maîtres les plus célèbres, et dans laquelle brillent surtout l'étude d'une *tête de saint Michel*, peinte par Raphaël, et rapportée d'Italie par Israël Silvestre, en 1660; un *saint Paul prêchant devant l'Aréopage*, dessin du même maître, une précieuse gouache de la Vierge au Lapin, par le *Corrège*, et d'autres productions remarquables dues au pinceau et au crayon du Titien, du Guerchin, de Rubens, Van Dyck, Rembrandt, Metzu, Ostade, Lesueur, Watteau, Greuze, etc., etc.

Les œuvres gravées d'habiles artistes, à commencer par celles d'Israël Silvestre, eu quatre volumes in-folio, renfermant plus de 900 pièces; de Bartholoméo, Breemberg, en 25 pièces à l'eau-forte; des Tiepolo, et une suite de portraits par les plus célèbres graveurs d'Italie, des Pays-Bas et de France, complètent cette collection qui présente un grand et véritable intérêt pour les amis des arts. Elle avait un charme ineffable pour l'homme distingué qui, depuis plus de 40 ans, consacrait sa vie à la doter incessamment de beautés nouvelles. Si M. de Silvestre, dans les quinze dernières années de sa longue et honorable carrière, s'était entièrement retiré du monde où l'appelaient de nombreuses et fidèles amitiés, c'est, on peut le dire, que son cabinet lui composait un monde d'élite, et qu'après ses enfants, il n'avait pas d'amis plus chers que ses tableaux.

M. de Silvestre est mort à Paris, entouré de respects universels, le 4 août 1851 : il était âgé de près de 89 ans.

DÉSIGNATION
DES TABLEAUX.

TABLEAUX ANCIENS.

ÉCOLE D'ITALIE.

RAPHAEL (D'Urbin).

1 — Une tête de saint Michel, étude de Raphaël, pour le sujet où ce grand maître a représenté saint Michel terrassant le démon. Ce morceau précieux, où l'on trouve quelques légers changements dans la coiffure et dans les ajustements, a été rapporté d'Italie par *Israël Silvestre*. Il est peint sur papier et collé sur bois.

Cette tête, admirable par la majesté qui la caractérise, est d'une expression divine.

SOLARIO (André).

2 — Sainte-Famille. Cette belle et savante composition a été aussi attribuée à Raphaël, et gravée sous ce nom.

DANIEL DE VOLTÈRE.

3 — Tête de jeune garçon vue de profil.

DOMINIQUIN (composition de Dominico Zampieri, dit le).

4 — Judith montrant la tête d'Holopherne. Sujet gravé.

DU MÊME.

5 — Saint Sébastien vu jusqu'aux genoux.

GUIDO RENI (composition de).

6 — Judith coupant la tête d'Holopherne. Sujet gravé.

GUIDE (école du).

7 — David tenant la tête de Goliath.

DU MÊME.

8 — Madeleine en prière.

CARRACHE (composition d'Annibal).

9 — Apparition de Jésus portant sa croix à saint Pierre.

CARRACHE (Annibal).

10 — Martyre d'une sainte.

CARAVAGE (Michel-Ange du).

11 — Jésus mis en croix.

DU MÊME.

12 — Une Sibylle vue à mi-corps.

DU MÊME.

13 — Homme jouant de la flûte, vu à mi-corps, tourné à gauche.

RIBERA dit l'ESPAGNOLET.

14 — Portrait d'un personnage espagnol, habillé de noir, assis dans un fauteuil devant une table. Tableau d'une savante exécution.

DU MÊME.

15 — Saint Jérôme.

GUERCHIN.

16 — Christ mort, pleuré par deux anges. Tableau remarquable. Il a été gravé.

GUERCHIN (école du).

17 — Judith tenant la tête d'Holopherne.

GUERCHIN (attribué au).

18 — Etude de figure à mi-corps d'un saint Sébastien.

CARLE DOLCE (attribué à).

19 — Tête de Vierge.

ROSA (école de Salvator).

20 — La Prédication. Composition d'un grand nombre de figures.

CARLE MARATTE.

21 — L'Adoration des bergers. Grande composition non terminée, attribuée à ce maître.

TITIEN (école du).

22 — Le suaire de sainte Véronique.

MENGS (Raphaël).

23 — Saint Paul vu jusqu'aux genoux.

VELASQUEZ (attribué à).

24 — Tête d'étude.

PÉDRO GENOVESE.

25 — Deux musiciens.

LAURI (Philippe).

26 — Une femme, un satyre et des amours, dans un paysage.

PANNINI (Paul).

27 — Paysages avec monuments en ruines. Deux tableaux.

MURILLO (attribué à).

28 — Sainte-Famille.

PIETRE DE CORTONNE.

29 — Sujet inconnu.

ÉCOLES ALLEMANDE ET DES PAYS-BAS.

ECOLE ALLEMANDE (XVIᵉ SIÈCLE).

30 — La Vierge et l'Enfant-Jésus. Tableau sur bois.

RUBENS (école de).

31 — Portrait de Breughel, médaillon.

VAN-DYCK (école de).

32 — La Vierge et l'Enfant-Jésus. Cette belle et gracieuse composition de Van-Dick est connue par la gravure de Salvador.

VAN DICK (école de).

33 — Le petit saint Jean portant la croix.

JORDAENS.

34 — Saint Luc écrivant ses évangiles.

TENIERS (Signé David).

35 — Les sorcières au sabat. Composition de plusieurs figures et animaux chimériques. Tableau sur bois.

TENIERS (pasticho attribué à).

36 — Un turc vu en pied.

TERBURG.

37 — Un personnage hollandais vu à mi-corps, enveloppé d'un manteau et coiffé d'un chapeau à larges bords. Joli petit tableau sur bois plein de vérité et d'une exécution soignée.

HONGTHORST (Gérard).

38 — Un homme à mi-corps caresse son chien. Tableau d'une couleur franche et d'une grande vérité d'expression.-

CUYP (Albert dit le vieux).

39 — Portrait d'une femme hollandaise.

CUYP (attribué à).

40 — Des animaux, vaches et moutons sur un tertre.

VAN DER HELST (attribué à).

41 — Portrait d'homme à mi-corps avec les mains.

VAN DER MEER DE JONGHE.

42 — Une vache, un âne et des moutons dans une prairie, au pied d'une montagne. Tableau sur bois.

BERGEN (Thiery Van).

43 — Paysage avec animaux.

WYNANTZ.

44 — Un cavalier sur un chemin au pied d'une butte sablonneuse.

RUYSDAEL (Salomon).

45 — Paysage au bord d'une rivière.

WOUVERMANS (attribué à Philippe).

46 — Halte de voyageurs.

ZORG.

47 — Intérieur de cuisine : on remarque à droite une table sur laquelle se voient des ustensiles et des légumes parfaitement exécutés.

LAUDER.

48 — Portrait d'un jeune Polonais.

SUANEVELT (Herman).

49 — Paysage qui lui est attribué.

DE HEM.

50 — Nature morte, vases, etc.

VAN DE VELDE *le vieux* (Guillaume).

51 — Marine : une mer houleuse, sur laquelle flotte diverses embarcations.

POELEMBURG (Corneille).

52 — Adoration des bergers. Composition d'un grand nombre de figures, d'un ton fin et transparent.

GRIEFF.

53 — Au bord d'une rivière, un chasseur tire sur des canards; près de lui son chien.

SAVRY.

54 — Paysage avec épisode de la Mort et le Bûcheron.

KLOMP (manière de).

55 — Pâtre et troupeau près de ruines.

VAN BLOEMEN.

56 — Les mulets.

DOW (Gérard).

57 — Tête de vieille femme. La finesse et la transparence de l'exécution nous l'ont fait attribuer à ce maître.

BOTH et BEAUDOUIN.

58 — Paysage avec figures.

BREUGHEL.

59 — Petit paysage avec figures.

DE HONDT.

60 — Paysage agreste.

HONDT (Pierre de).

61 — Halte de cavaliers.

BREUGHEL.

62 — Paysages. Deux petits tableaux.

HERMSKECK.

63 — Vieille femme se chauffant.

DU MÊME.

64 — Estaminet hollandais; neuf figures.

VOS (Paul de).

65 — Tête de femme.

ÉCOLE FLAMANDE

66 — La Sainte-Famille.

DIETRICY.

67 — Portrait d'homme à moustaches.

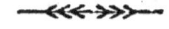

ÉCOLE FRANÇAISE.

68 — La Vierge allaitant l'Enfant-Jésus. Gracieuse composition bien exécutée d'un maître du xviie siècle.

STELLA (Jacques).

69 — Sainte-Famille. Un Ange en adoration devant l'Enfant-Jésus. Tableau d'une exécution agréable.

SUBLEYRAS.

70 — Sujet saint. Composition de plusieurs figures.

LENAIN.

71 — Intérieur d'estaminet. Deux paysans occupés à boire et à fumer.

TORTEBAT.

72 — Portrait d'homme.

FOUQUIER.

73 — Portrait d'homme.

PHILIPPE DE CHAMPAGNE.

74 — Madame de Longueville. Portrait à mi-corps.

RIGAUD.

75 — Portrait d'homme.

AVED.

76 — Portrait d'homme à mi-corps avec les mains.

NICASIUS.

77 — Gibier mort.

WATTEAU (manière de).

78 — Deux figures dans un paysage.

LOUTHERBOURG.

79 — Marine par un temps d'orage. Bon tableau du maître.

OUDRY.

80 — Tigre peint à l'huile.

DEMARCENAY.

81 — Coquilles et divers objets de nature morte.

GREUZE.

82 — Tête de vieille femme coiffée d'une mante. Portrait d'une grande vérité d'expression et savamment exécuté.

GREUZE (école de).

83 — Tête de jeune fille.

Madame LE BRUN.

84 — Portrait de Louis XVIII jeune.

LÉPICIÉ.

85 — Tête de jeune garçon.

REGNAULT.

86 — Bacchante endormie.

GUÉRIN (Pierre).

87 — Les esclaves.

MERIMÉE.

88 — Nymphe et Satyre dans un paysage.

LANDON.

89 — Une jeune femme et son enfant. Esquisse.

ECOLE FRANÇAISE.

90 — Philoctète dans l'île de Lemnos.

PETIT.

91 — Vue d'Italie.

DU MÊME.

92 — Etude d'arbres par un coup de vent.

INCONNU.

93 — Portraits de femmes. Deux tableaux, un est sous verre.

VANLOO.

94 — Amour tenant un cœur. Petite peinture l'huile.

INCONNU.

95 — Marine. Petit tableau sur bois.
96 — Tête d'homme d'après *Van Dyck*.
97 — Tête de femme sous Louis XVI.
98 — Tête de religieuse.

ECOLE FRANÇAISE.

99 — Portrait de femme. Portrait bien peint.
100 — Etudes peintes. Neuf pièces.
100 bis. — Portrait de Louis XVIII, par Duplessis.

DESSINS.

ÉCOLE D'ITALIE.

101 — RAPHAEL. Saint Paul prêchant à Athènes devant l'aréopage. Dessin très précieux, lavé au bistre, rehaussé de blanc, le trait à la plume.

Cette première pensée d'un des sujets tirés des Actes des apôtres, composée par Raphaël, par ordre de Léon X, pour la suite des tapisseries destinées à décorer le Vatican, faisait un des principaux ornements du cabinet du duc de Tallard, vendu en 1756.

102 — RAPHAEL (attribué à). Tête de Cérès, dessin à la sanguine.

103 — Corrège (Antonio-Allégri dit le). La Sainte-Vierge, l'Enfant-Jésus endormi sur ses genoux. Elle est assise à terre au pied d'un palmier, un ange avance des branches pour la préserver de l'ardeur du soleil; dans le fond, de grands arbres; à la gauche un petit lapin blanc. Cette composition connue sous le nom de la *Vierge au Lapin*, est peinte à la gouache.

La grâce, la légèreté et l'intelligence d'exécution de ce sujet sont dignes des plus grands éloges. Les contours y sont délicatement fondus, et chaque partie se prononce par sa forme et par sa couleur locale et se détache des parties qui l'environnent, sans le secours d'aucuns traits. Remy et Glomy, dans le catalogue de feu M. le duc de Tallard, fait en 1750, en parlant de ce dessin s'exprime ainsi à l'article 237 : « Ce beau morceau vient origi-
« nairement du célèbre cabinet de M. de Piles. Ce fameux con-
« naisseur, qui a si bien écrit sur la peinture, et qui joignait la
« pratique à la théorie, faisait tant de cas de ce dessin, qu'il n'a
« pas cru pouvoir donner une plus grande marque de l'amitié qui
« existait entre lui et feu M. Antoine Coypel, qu'en le lui léguant
« par son testament. En effet, il mérite à bien des égards la mê-
« me considération que les plus beaux tableaux du Corrège. Cet
« excellent peintre l'avait apparemment peint avec tant de soins
« pour satisfaire quelque amateur qui le lui avait demandé. Nous
« ne croyons pas qu'on puisse en trouver ailleurs un autre du
« même mérite ». Feu M. le duc de Tallard l'avait acquis à la vente de M. Coypel.

104 — Titien. Paysage avec épisode de l'ancien Testament; dessin à la plume et au bistre, du cabinet Logoy.

105 — Léonard de Vinci. Tête de vieillard. Dessin à la plume et au bistre.

106 — André del Sarte (attribué à). La Charité. Dessin à deux crayons.

107 — Pérugin. Etude d'enfant jouant avec un chevreau. Dessin à la plume et au bistre; et dans le même cadre un évêque, dessin grisaille par *Verrochio*.

108 — Castiglione dit le Benedette (Giovanni Benedetto). L'Ascension de la Vierge; esquisse coloriée à l'huile. — Deux dessins Marche de Troupeaux; esquisses à l'huile, 3 pièces.

109 — Guerchin. La Moisson, paysage au bistre, avec figure. Joli dessin du *Cabinet Mariette*.

110 — Saint François en prière; dessin à la plume et au bistre, du *cabinet de Denon*. Il a été gravé par Bartolozzi.

111 — Sujet d'Abigail; dessin à la sanguine.

112 — Paysage à la plume et au bistre.

113 — Une Femme et un Enfant; dessin au bistre.

114 — Saint-Pierre; dessin au bistre.

115 — Guido Réni. Croquis à la plume et au bistre. *Cabinet Denon*.

116 — Carrache (Annibal). Neuf études au crayon sur papier bleu, pour la Farnésine.

117 — Alexandre Véronèse. Susanne et les Veillards; dessin au crayon.

118 — Tiepolo (Dominique). La Leçon d'anatomie, etc. Trois dessins au bistre.

119 — Gandolfi il Vecchio. Étude à la plume.

120 — Cignagni. Diane et Eudymion; dessin à la sanguine.

121 — GAULLIS DE GÊNE, en 1767. Sept dessins à la sanguine, d'après les peintures de Rome.
122 — PARMESAN (François-Mazzuola dit le). Petites figures à la plume; huit dessins.
123 — ZUCCHERO. Sainte-Famille; dessin lavé au bistre.
124 — PALMERIUS. Des rochers et une marine; deux dessins à la plume de forme ronde.
125 — C. MARATTE. La Vierge et l'Enfant-Jésus dans la crèche; dessin à la sanguine.
126 — ECOLE ITALIENNE. Quatre dessins par *Sirani, Lanfranc, Guerchin, Cantarini*.
127 — Six dessins par l'*Albane, Palme, Parmesan, Carrache, Del Moro, Corregio*.
128 — La Vierge, l'Enfant-Jésus, par *A. Carrache*, la Sainte-Famille, composition de *Sébastien del Piombo*, et un dessin par *Briccio*. Trois dessins à la plume et au bistre.
129 — Deux dessins par *Cangiage, Alberti, Parmesan, Cignagni*.
130 — *Carle Maratte* et *Stradan*, deux dessins.
131 — Saint François; dessin au crayon noir et rouge, par *Vanni*.
132 — La Vierge, l'Enfant-Jésus et saint Jean; dessin à la sanguine, par *Gennari*.
133 — Par et d'après *Michel-Ange, Carrache, Joséphin* et autres, trois dessins.
134 — Dessin du *Rosso, Pesarèse*, du *cabinet Denon*.
135 — Trois dessins, par *Sirani, Sallart*, etc.

136 -- Sept dessins, par *Lelio Orsi*, *Lucas Giordano*, *Bombelli* et *C. Maratte*.

137 — Vingt-huit dessins de diverses écoles, plusieurs par *Testa*, *Vanni* et autres artistes italiens.

138 — Etude à la plume attribuée à *Michel-Ange*, Suzanne et les Veillards, par *Alex. Véronèse*; et un sujet par *Francesco Corra*.

139 — Dix-neuf dessins par *Lucatelli*, *Cangiage*, *Bassan*, *Guide*, et *Rutti*.

140 — Seize dessins par *Canuti*, *Ghezzi*, et un attribué à *Michel-Ange*.

141 — Six dessins par *Guerchin*, *Cantarini*, *Pietre Teste*, etc.

142 — Vingt-huit dessins par *Zucharo*, *Solimen Galotti*, *Palme*, etc.

143 — Quatre dessins par *Leonie* dit le *Padouan*, *Guerchin*, *Cignagni*, et un attribué à *Luini*.

144 — Seize dessins par *Piazetta*, *Pacini*, *Zucchero* etc.

145 — Dix-neuf dessins par *Canuti*, *Philippe Napolitain*, *Piazetta*, etc.

146 — Dix dessins par *Palme*, *Guerchim*, *les Carraches*, etc.

147 — Quinze dessins par et d'après *les Carraches*, *Cangiage*, *Pietre de Cortonne*, *Massacio*, etc.

ÉCOLES ALLEMANDE ET DES PAYS-BAS.

118. — Albert-Durer. Étude de draperie, dessin au crayon noir et blanc, d'un précieux fini, avec la date de 1508 et le chiffre de Durer. Du *cabinet Denon*.

149 — Albert-Durer. Deux dessins curieux d'ornements à la plume, du *cabinet Denon*.

150 — Rubens (Pierre-Paul). La Chute des Reprouvés, dessin au crayon noir et blanc.

Genre facile et plein de feu, Rubens a porté dans cette composition le *grandiose* qui distingue ses productions. On y trouve une touche hardie, une belle entente d'effet, et le sentiment de couleur qui distingue si éminemment ses ouvrages. Dessin du cabinet d'*Israël Silvestre*.

151 — Départ de Diane pour la chasse, sujet donné à Rubens. Dessin lavé à l'encre.

152 — Portrait de la fille du Titien; dessin au crayon noir d'après le Titien.

153 — Trois dessins, dont une tête de Vierge, sanguine attribuée à Rubens.

154 — Dyck (Antoine Van). Une sainte Femme embrassant le pied de la croix où est attaché Jésus-Christ; derrière elle, la Sainte-Vierge et saint Jean; à la droite, des cavaliers, et dans le haut, une gloire d'anges. Riche et belle composition lavée au bistre, rehaussée de blanc; le trait à la plume. Dessin capital du maître, il vient du Cabinet d'*Israël Silvestre*.

155 — Rembrandt. Retour de l'Enfant prodigue
Dessin à la sépia.
156 — Jésus instruit ses disciples. Dessin au bistre.
157 — Rembrandt (École de). Deux figures de juifs.
Dessin à la sépia et au bistre.
158 — Goyen (Jean Van). Des buveurs et fumeurs
dans des barques sur un canal bordé d'habitations champêtres. Dessin à la pierre
noire et colorié.
Intérieur d'un village. Dessin à la pierre
noire lavé à l'encre et colorié.
159 — Van Goyen. Paysages. Deux dessins au
crayon noir.
160 — Molyn. Deux paysages. Dessins au crayon
noir.
161 — Roos de Tivoli. Animaux à la sanguine.
162 — Moutons. Deux jolis dessins à la sanguine.
163 — Meer (Jean Van der). Un bélier, deux moutons et une brebis dans une prairie. Dessin à la pierre noire, signé *J. V. der Meer
de Jonge, 1685*.
164 — Teniers. Les joueurs de boule. Dessin à la
pierre d'Italie.
165 — Ostade (Adrien Van). Le peintre et le donneur de cor. Dessins à la plume et au bistre. Ostade les a gravés à l'eau-forte.
166 — Van Huysum. Étude de fleurs à la plume et
lavé à l'encre. Au verso de ce dessin une
autre étude.
167 — Van Huysum 1704 (signé). Des fleurs sur
une table. Dessin à l'aquarelle.

168 — Paysages. Quatre dessins au crayon et lavés.
169 — Isaac Moucheron. Paysages. Deux dessins très terminés à l'encre de Chine mêlé de sépia; autre dessin au crayon.
170 — Elzeimer (Adam). Première pensée du sujet du jeune Stellion changé en lézard par Cérès. Dessin à la plume et au bistre.
171 — Études de figures. Dessins à la plume et au bistre. Quatre dessins.
172 — Van Uden. Paysages. Deux dessins à l'aquarelle.
173 — J. Meurs. Paysages. Trois dessins lavés à l'encre.
174 — Van Miéris (François). Une Satyresse allaitant son enfant. Dessin au crayon. Des enfants, dessin au crayon.
175 — Doomer. Paysages. Deux dessins à la sépia.
176 — Paul Brill. Paysage. Dessin à la plume.
177 — Bloemaert (Abraham). Études au crayon et à la sanguine. Cent onze dessins dans un volume in-folio.
178 — Études au crayon et à la plume. Neuf dessins.
179 — Charité romaine, étude d'enfant. Dessin au crayon noir rehaussé.
180 — Porbus. Portrait de Jacques Stradan. Dessin au crayon.
181 — Steubel. Saint Luc peignant la Vierge. Dessin au bistre.
182 — C. V. Heurn, 1808. Dessin à la plume lavé à l'encre.

183 — FLINCK (Govert). Tête de femme juive.
184 — WATERLOO. Intérieur de forêt. Deux études au crayon noir.
185 — ÉCOLE FLAMANDE. Femme allaitant un enfant. Dessin au crayon. *Backuisem*, une marine à la plume.
186 — Six dessins, par et d'après *Rubens*, *Van de Velde*, *Naiwinx*, *Van Eckout*, *Waterloo*, etc.
187 — *C. Schut* et autres, dix dessins.
188 — Deux dessins, par *Viegler* et *Dietricy*.
189 — Trois dessins, monuments de Rome, par *Wilkens*, et un dessin, Repos de chasse.
190 — Quatorze dessins, par *Stradan*, *Rottenhamer*, *Hermeskek*, *Franc Flore*, etc.
191 — Quatorze dessins, paysages, par *Baudouin*, *Eckard*, etc.
192 — Quatre Dessins, par *Doomer*, *Goerée*, *Miéris*, etc.
193 — Têtes, par *Miéris*; femmes couchées, par *Blocmaert*; paysages, par *Doomer*. Quatre dessins.
194 — Quatorze dessins, paysages à la plume, et lavés à l'encre, par divers maîtres.

ÉCOLE FRANÇAISE.

195 — Les portraits de J. Chabannes, seigneur de La Palisse, maréchalle (*sic*) de France, tué

en 1525. — Guillaume Gouffier de Bonnet, tué à la bataille de Pavie, en 1525. — J. d'Albon, maréchalle (sic) de Saint-André, tué l'an 1562. — Gaspart de Sceaux, seigneur de Tavanne, maréchalle de France, mort l'an 1672. — Blaise, seigneur de Montluc, maréchalle de France, mort l'an 1577. — Jean Daumt, maréchalle de France, tué l'an 1595. Ces six dessins à plusieurs crayons, sur vélin, par un artiste du xvi° siècle.

196 — Dumoutier. Beau portrait d'un inconnu. Dessin aux deux crayons.

197 — Lesueur. Belle étude d'un martyr. Dessin au crayon sur papier de gris et rehaussé de blanc.

198 — Trois études au crayon.

199 — Étude au crayon noir et blanc.

200 — La mort de saint Bruno, composition de Lesueur. Dessin lavé et rehaussé de blanc sur papier bleu.

201 — Le tombeau de Nitocris violé par Darius, dessin à la plume de *Lesueur*, et une étude par *Claude le Lorrain*.

202 — Le Brun. Portement de Croix. Dessin à la plume et lavé.

203 — Tête d'étude pour la fille de Darius. Dessin colorié.

204 — Sept dessins, études au crayon et à la sanguine.

205 — L'astronomie; dessin à la sanguine.

206 — Le passage du Granique; dessin lavé sur papier de couleur et rehaussé de blanc. On lit : *à M. Girardon, sculpteur du roi.*
207 — BLANCHET (Thomas). Etudes de têtes d'académies et de draperies; trente-six dessins au crayon noir et à la sanguine.
208 — TOURNIÈRE. Jeune fille vue à mi-corps. Dessin à plusieurs crayons.
209 — SUBLEYRAS. La maladie d'Antiochus. Dessin au crayon.
210 — LAHYRE. Jésus présenté au temple. Dessin au crayon.
211 — L'enlèvement d'Europe.
212 — ISRAEL SYLVESTRE. Vues diverses. Trois dessins à la plume.
213 — Vue de Trianon, vue du Val-de-Grâce, etc.; quatre dessins à la plume.
214 — Vue du Charnier des Innocents, à Paris; dessin à la plume.
215 — Vue d'un parc; grand dessin à la plume.
216 — Vues diverses. Croquis à la plume, quinze dessins.
217 — Vue de Samois, près Fontainebleau, vue de Châtillon, près Paris, vue de Hambourg. Trois dessins à la plume.
218 — Trente-deux dessins, études de paysages, plusieurs par Silvestre, etc.
219 — PERELLE. Dessin à la plume.
220 — LECLERC (Sébastien). Un concile; dessin à la plume, lavé.
Sept dessins par *Leclerc*, étude au crayon et à la plume.

221 — Louis Silvestre. Le Parnasse; dessin à la sanguine. Deux autres dessins à la plume, par Israël Silvestre.
222 — Paysages, dix-huit dessins au crayon et à la sanguine.
223 — Paysages. Études au crayon noir et à la sanguine, par Louis Silvestre, 292 dessins en 1 vol. in-fol. obl. v.
224 — Charles de Silvestre. Deux gouaches, vues d'Italie.
225 — Lemoine. La Visitation; dessin lavé à l'encre.
226 — Lafosse. Sommeil de saint Joseph, résurrection de Lazare; deux dessins.
227 — Jésus amené devant Pilate; dessin grisaille.
228 — Sujets du Nouveau-Testament et une étude de plafond; quatre dessins et grisailles.
229 — Coypel. Une Danaé; belle étude à plusieurs crayons.
230 — Moitte. Triomphe de Bacchus; dessin à la pierre noire.
231 — Delarue. Trois dessins. Bacchanale.
232 — Bosse (Abraham). Dessin de costumes de seigneur et dame.
233 — Latour. Portrait d'une dame âgée. Très beau pastel.
234 — Madame Louise Carmélite; gracieux pastel.
235 — Portrait de madame Victoire de France. Pastel.

236 — Oudry (Jean-Baptiste). Un faisan, un dindon et oiseaux morts; trois dessins au crayon et pastels sur papier bleu.
237 — Watteau (Antoine). Un crispin, un mezzetin; quatre études sur une feuille, beau dessin au trois crayons.
238 — Un joueur de guitare; étude aux trois crayons.
239 — Etudes, homme, femme et bras; trois dessins au crayon noir et à la sanguine.
240 — Jeune fille assise, tenant un cahier de musique. Dessins aux trois crayons.
241 — Deux dessins à l'instar des maîtres flamands au crayon noir et à la sanguine.
242 — Jeune fille assise, vue de face, elle est coiffée d'un béret. Très beau dessin aux trois crayons.
243 — Femme assise; étude au crayon noir et à la sanguine, rehaussée de blanc.
244 — Deux études, dessins à la sanguine.
245 — Une jeune mère, un enfant sur ses genoux et un autre debout près d'elle. Beau dessin aux trois crayons.
246 — Trois jeunes filles dans diverses attitudes; dessin aux trois crayons.
247 — Dessin à la sanguine.
248 — Etudes à la sanguine, par *Watteau* et *Lancret*; sept dessins.
249 — Boucher. Jeune fille. Dessin à plusieurs crayons.
250 — Tête d'homme au crayon.

251 — Fac simile d'un dessin ; gravure rehaussée de blanc.
252 — SALY (Jacob). Portrait de N. Zabaglia, architecte, en 1750 ; dessin à la sanguine. *Coll. Mariette.*
253 — BOUCHARDON. Monument funéraire du cardinal Fleury, en 1740. Dessin à la sanguine. *Coll. Mariette.*
254 — VERNET (Joseph). Marine. Dessin lavé à l'encre de Chine.
255 — FRAGONARD. L'Amour fouetté. Dessin au bistre.
256 — La vue du *Monte-Cavale.* Dessin à la sépia, en 1783.
257 — Etude d'homme couché. Sépia, étude d'après le Tintoret; crayon.
258 — Une jeune mère place son enfant sur le dos d'un chien. Sépia.
259 — La Faiseuse de beignets. Dessin au bistre.
260 — Une Femme. Dessin à la sépia.
261 — Allégorie à Francklin. Dessin à la sépia.
262 — LE MOINE. Portrait de Honoré Fragonard, peintre. Il tient un crayon à la main. Dessin terminé à l'estompe, rehaussé de blanc; il est fait en 1797.
263 — AUBRY (Etienne). Les Adieux de Coriolan à sa famille, au moment où il part pour se rendre chez les Volsques. Dessin à l'encre de Chine.
264 — Etudes de figures académiques, figures drapées, etc.

3

265 — Virginius poignardant sa fille. Dessin lavé à l'encre de Chine.
266 — Intérieur italien, composition de plusieurs figures. Dessin lavé à l'encre de Chine.
267 — Scènes du roman de Gil Blas. Huit dessins lavés au bistre.
268 — Saint-Aubin. Vue du Pont Neuf, à Paris. Dessin au crayon et lavé.
269 — Portail. La Lecture; joli dessin à plusieurs crayons.
270 — Le Concert; joli dessin au crayon noir et à la sanguine.
271 — Figures du temps de Louis XV; trois dessins à plusieurs crayons.
272 — Femme et Nègre; deux dessins à plusieurs crayons.
273 — Deux femmes jouant aux cartes; dessin à plusieurs crayons.
274 — Deux musiciens et un moine; deux dessins à plusieurs crayons.
275 — Wille fils. 1827. Dessin très terminé à l'aquarelle.
276 — Deux jeunes garçons; sanguine.
277 — Dispute de joueurs. Tête de vieillard. Deux dessins à la plume.
278 — Les joueurs. Dessin à la plume.
279 — Le peintre d'enseignes. Dessin à l'aquarelle.
280 — Ah! quelles figures. Dessin de têtes au bistre. — Sujet familier. Tête au crayon; trois dessins.

281 — Tête de vieille femme. Dessin au bistre.
282 — Cour de ferme. Dessin lavé au bistre.
283 — Études de têtes et figures à la plume et à la sanguine, par *Wille fils*, cinq dessins. — Plus une tête à la sanguine, par *Guttemberg*.
283 bis Cinq dessins par *Wille fils* et *Drolling*.
284 — Desfriches d'Orléans. Quatre paysages. Dessins à la mine de plomb.
285 — Greuze. Croquis à la sanguine du vieillard dans la Malédiction paternelle.
286 — Noel. Deux marines. Dessins à la gouache.
287 — Marines et paysages. Cinq dessins à la gouache.
288 — Marine. Coup de vent et calme.
289 — Marine. Deux gouaches.
290 — Marine. Grande et belle gouache.
291 — Weyler. Quatre têtes d'hommes au pastel.
292 — Prud'hon (attribué à). Sommeil d'Endymion. Dessin sur papier bleu, rehaussé de blanc.
293 — Prud'hon. Trois têtes au crayon et à la plume.
294 — Tête d'homme. Dessin à la plume.
295 — Nicolle. Vue du Colysée intérieur, etc. Trois dessins à l'aquarelle.
296 — Newton Fielding. Oiseaux. Dessins à la sépia.
297 — Paysage avec oiseaux. Dessin à la sépia.

298 — Denon. Dix dessins à la plume, et le portrait de l'artiste gravé à l'eau-forte.
299 — Isabey. Portrait de madame Dugazon. Dessin à l'estompe très terminé.
300 — Ingres (Attribué à M.). Deux femmes. Dessin à la plume.
301 — Cochin. Sujet pastoral. Dessin au crayon sur vélin.
302 — Demachy. Le Louvre. Dessin à l'encre de Chine.
303 — Madame de Courcelle. Deux oiseaux à l'aquarelle.
304 — Le Prince (Jean-Baptiste). La nappe d'eau. Composition peinte à la gouache.
305 — Trois dessins coloriés par *Sueback*, *Noël* et *Monsiau*.
306 — Ecole Française. Tête à la sanguine, par *Le Brun*, dessins par *Leclerc*; Jésus et la Samaritaine, par *Cades*. Tête de vieillard, par *Wille fils*. Quatre dessins.
307 — Huit dessins par *Lesueur*, *Vouet*, *Loyr*, etc.
308 — Dessin au crayon à la sanguine, par *Perelle*, *Bouchardon*, *Wille fils*, *Denon*, *Gravelot*, *Natoire*, *Ramey*, *Nicolle*, *C. Vernet*, *M. Bergeron* et autres. Vingt-cinq dessins. Cet article sera divisé.
309 — Quatorze dessins de têtes, paysages et fleurs, par et d'après *Rigaud*, *Perelle*.
310. — Dix dessins divers par *Louis Silvestre*, *Duplessis Bertaux*, *Denon*, *Boissieu*.

311 — Douze dessins par et d'après *N. Poussin*, *Le Brun*, *David*, *Denon*, etc.
312 — Neuf dessins, paysages, vues d'Italie, Bacchanales, etc., par *Perelle*, *Delarue*, *Naudet*, *Desportes*, *Huet*, etc.
313 — Onze dessins divers, par *La Hyre*, *Bouchardon*, *Denon*, *Manderarre*, etc.
314 — Huit dessins au bistre, au crayon et à la gouache, par *Lawreince*, *Denon*, *Boissieu*, *Duplessis*, *Sueback*, chasse d'après *Callot*.
315 — Dix dessins, paysages, études d'arbres, têtes, etc., par *Noël*, etc.
316 — Six dessins, par *l'Allemand*, *Cochin*, *Delaral*, *Bertaux*, *Moitte*, etc.
317 — Huit dessins par *Chaudet*, *Legrand*, *Ramey*, *Peyron*, *Vien*, etc.
318 — Onze dessins par *Louis Silvestre*, *Noël*, *Bourgeois*, *Bergeret*, *Huet*.
319 — Huit dessins, paysages, par *Louis Silvestre*, *Vassé*, *Vicart*, *Goblain*.
320 — Douze dessins, par *Natoire*, *Lemoine*, *Verdier*, *Roettier*, *Ango*, etc.
321 — Treize dessins, par *Silvestre*, *Larue*, *Robert*, *Cochin*, etc.
322 — Douze dessins, par *Lafage*, *Lafosse*, *Verdier*, *Théaulon*, *Pierre*, etc.
323 — Vingt-trois dessins, par *Duplessis Bertaux*, et autres.
324 — Sept dessins, par *Fragonard*, *Sané*, *Saint-Non*, etc.

325 — ECOLE FRANÇAISE. Six dessins, par *Vassé, Lagrénée, La Vallée Poussin*, etc. Six dessins.
326 — Bacchanale par *Delarue*; *Salvator*, une étude, paysages par *Van Meurs, Van Stratten, Silvestre*, etc. Douze dessins à la sépia, à l'encre de Chine et au crayon.
327 — Paysages, études par *J. Vernet, Perelle, Nicolle*, etc.
328 — Neuf dessins, paysages, fleurs, etc., par *Lafage, Ozanne, Delaval, Sueback, Denon*.
329 — Trois dessins d'après *S. Bourdon* et par le *Bouteux* et étude de *Meynier*.
330 — Six dessins par *Natoire, Wattier, F. Flamand*, etc.
331 — Etudes académiques au crayon et à la sanguine, par *Aubry, C. Maratte, Jouvenet, Natoire, Vincent, Meynier*, etc. Quarante sept dessins.
332 — Dix dessins par *Huet, Leprince, Desportes, Robert, Norblin, Laffitte*, etc.
333 — Têtes diverses, études d'arbres à la sépia; dessins par *Monsiau, Bergeret*, etc. Huit dessins.
334 — Paysages lavés à la sépia et à l'encre de Chine. Vingt-quatre pièces par des artistes modernes.
335 — Seize dessins, paysages, fleurs, à l'aquarelle, etc.
336 — Vues d'Italie. Sépia.

337 — Paysages. Douze dessins.
338 — *Norblin.* Effet de nuit; *Duplessis Bertaux,* bataille d'Aboukir; *Sicardi,* têtes au crayon, et divers autres dessins, paysages au crayon, à la sépia et à l'aquarelle. Dix dessins.
339 — L'Amour, étude par Meynier; scène par *Granville;* animaux par *Louterbourg* et divers autres dessins par *Wille fils, Denon, Sueback,* et paysages à la sépia et à l'encre de Chine, et au crayon, par divers artistes. Dix-neuf dessins; cet article sera divisé.
340 — Dessins au crayon et lavés, et calques de figures et monuments, d'après l'antique, deux volumes in-folio, parchemin. Cet article sera divisé.

ESTAMPES ANCIENNES.

OEUVRES DE MAITRES, PORTRAITS, RECUEILS, ETC.

341 — Marc-Antoine. Dieu apparaissant à Abraham, d'ap. Raphaël, épr. avant l'Ant. Salamanque.

342 — David tuant Goliath, épr. avant écrit. Salamanque.

343 — ECOLE ITALIENNE. Les Loges, d'après Raphaël, par *Borgiani*, suite de têtes antiques, par Ant. Salamanque, etc. Quatre-vingt-seize pièces.

344 — Seize portraits italiens par *E. Vico* et autres graveurs; et Henri IV, par *Ch. Albert*, à Rome, en 1595.

345 — Portraits de Médicis, de Charles-Quint, etc. Cinq portraits par des graveurs italiens du xvi° siècle.

346 — Henri II, Charles V, Antoine Salamanque et Bandinelli. Six pièces par *Beatricet*, *Enéas Vicus* et *Nicolas de la Casa*.

347 — ALBERT DURER. 1519. Portrait en buste de Maximilien I°, gravé en bois. Pièce belle et rare.

348 — La Passion par *Albert Durer*, et diverses pièces par des petits maîtres à monogrammes. Cinquante-trois pièces.

349 — BRUN (Franz). La famille des Nassau; grande estampe gravée en 1627.

350 — DALEN JUNIOR (Corneille Van). Les portraits de P. Aretin, J. Boccace, Giorgio Barbarelli, dit le Giorgion, et Seb. del Piombo, d'après Tiziano. Quatre estampes. Belles épreuves avant la lettre, morceaux de la suite dite du cabinet du Bourgmestre Reynst.

351 — VAN DYCK. Le Titien et sa maîtresse, Erasme. Deux pièces à l'eau-forte par Van Dyck, et une pièce d'après lui, par Marc-Ardell.
352 — WICK (Thomas). Huit petits sujets gravés à l'eau-forte par ce maître, anciennes épreuves.
353 — Henri III par JÉRÔME WIERIX, beau et rare portrait. Belle épreuve.
354 — GOLTZIUS. Henri IV et Jean Zurenz ; deux portraits.
355 — Portraits de personnages flamands de tous états, curieux pour les costumes, gravés par les Sadeler. 19 pièces.
356 — Personnages allemands gravés par les *Kilian* et *Custodis*. 38 pièces.
357 — La famille des Nassau, d'après Adr. de Venne, et portraits des Nassau, d'après Mirevelt. 8 pièces gravées par *Delfl* et autres.
358 — Spinola, Maurice et Henri de Nassau, etc., portraits gravés d'après Mirevelt et autres, par *Muller* et *J. Matham*, etc. 8 pièces.
359 — Divers portraits de personnages des Pays-Bas et d'Allemagne, par *les Wierix* et *Jacques Granthomme*. 22 pièces.
360 — Portraits de Ruiter, amiral hollandais, du duc de Norfolk, et diverses ladies anglaises. 10 pièces au burin et à la manière noire, d'après Lely et autres par *Bloteling*.

361 — Divers portraits de personnages anglais et flamands par *Van Dalen, Sarry, de Jode, Couway, Faithorne, Michel Swert*, etc. 20 pièces en deux lots.

362 — Portraits de divers personnages flamands et allemands, gravés par *Bloteling, Van Dalen* et *Gole*. 13 pièces.

363 — Tromp, amiral; Goltzius, graveur; Maximilien, empereur d'Allemagne et Marie, son épouse; Jean, duc de Bourgogne; les princes de Nassau, etc. 9 pièces gravées par *Suyderhoëff*.

364 — Portraits gravés d'après Van Dyck et Van Hulle, par *les Visscher, Galle, Vaumans, Lauwers* et autres graveurs flamands. 17 pièces.

365 — Diverses espèces de chasses, gravées d'après Stradan par *Les Galle, Collaert*, etc. 77 pièces.

366 Vie de Jésus, d'après Martin de Vos, par *Ad. Collaert*. 51 pièces, très belles épreuves.

367 — Sujet de l'histoire sacrée et de l'histoire profane, d'après Martin de Vos, Hernsckeck, B. Franck Flore, Breughel, par *les Sadeler, Collaert, Phil. Galle, Matham*, etc. 128 pièces.

368 — Sept estampes par *J. Bol, Bary, Van Dalen*, etc.

369 — Vingt-huit pièces à l'eau-forte par *Ostade, Berghem, Van Uden*, etc.

370 — Vingt et une estampes d'après Téniers et autres.

371 — Adam et Eve par *Lucas de Leyde*, et diverses autres pièces par des maîtres Allemands et Hollandais et quelques pièces d'ornements de bijouterie, par *Woeriot*.

372 — RENÉ BOIVIN. Portrait d'Henri II. Belle et rare épreuve.

373 — FORNASERY de LYON (Isaïe-Fournier ou de). Portrait en buste de Henri IV : au bas on lit en 4 lignes. *On ne peut rien trouver de comparable au soleil...*, etc., le privilège, de *Fornasery fecit et Ex.*, à droite, *Augustum... Jacob fornas. Lugd. Perd. Cal. octob. MDC.* à gauche.

Portrait aussi en buste de Marie de Médicis. Au bas, on lit en quatre lignes : *Quand ce grand roy....* etc., le privilège de *Fornasery fecit et exc.*; à droite; et *D. Maria de Medicis, Lugd. C L , jan. MDCI.*, à gauche.

<small>Ces deux portraits, de la plus grande rareté, manquent de conservation.</small>

374 — CALLOT. Les misères de la guerre, suite de 18 pièces, petit in-4, obl., dem.-rel.

375 — Camus, Jansénius, de Valois et de Neufville; quatre portraits gravés par *Morin*.

376 — Portrait de Jabach, grand amateur de dessin, et divers autres personnages du temps de Louis XIII, par *Michel Lasne*. 14 pièces.

377 — Pesne. Portrait du Poussin, d'après ce maître, belle épreuve avant l'adresse d'Audran.
378 — Louis XIV, Richelieu, Justiniani, etc. 26 portraits par *Mellan*.
379 — Vues de Paris, villes de France, vues de Rome, etc., par *Israël Silvestre*, vues d'Espagne par *Louis Meunier*. 150 pièces.
380 — Quinze portraits de personnages français, gravés par *Léonard Gaultier, C. Lefébure, Huret, David*, etc.
381 — Seize portraits gravés par Robert Nanteuil, de ce nombre une très belle épreuve du Turenne, avec le titre : *Aux cent voix la Renommée.*
382 — Portrait de Poilly, graveur, par Roullet, et autres personnages français gravés par *Poilly* et *Roullet*, d'après Mignard, Lefèvre, etc. 16 pièces.
383 — Philippe V, Catinat, Angélique Arnaud, etc., par *Vermeulen* et *Van Schuppen*. 19 pièces.
384 — Portraits de personnages français, gravés par *Alix, M. Lasne, White, Moyreau, Bernard Picart, Daullé*, etc. 25 pièces.
385 — Vingt-quatre portraits divers par *Etienne* et *Bernard Picart*.
386 — Personnages divers, gravés par *Lombart, Audran* et *Boullanger*, d'après Rigaud et Vivien. 8 pièces.

387 — Personnages français gravés par *Daullé*, *Bernard*, *Duflos*.

388 — Vingt-deux portraits de personnages français de tous états gravés par *Simon*, *Colin*, *Gantrel*, *Hainzelman*, *l'Enfant*, *Huret* et *Bouis*.

389 — Portraits de Le Nôtre, Colbert, Mansart, Guy-Patin et autres personnages français, gravés par *Edelinck* et *Masson*, d'après H. Rigaud et Mignard. 15 pièces.

390 — Masson. Brisacier, d'après Mignard. Belle épreuve.

391 — Montarsis par *Edelinck*, autres portraits par *Drevet*.

392 — Sept portraits par *Lombart* et *Spierre*, d'après Vaillant, Gascar, La Mare, Richard, etc.

393 — Portraits du prince de Condé, de Girardon, Coypel, Tocquet, etc., gravés par *Drevet* et *Balechou*, d'après Rigaud, Gober et Vivien.

394 — Portraits de personnages français, gravés par *Thomassin*, *Chereau*, *Surugue*, d'après Rigaud, Largillière et Van Loo.

395 — Portraits de divers personnages, gravés par *Folkema*, *N. Pitau*, *Frey*, et *Philippe*. 8 pièces.

396 — Vingt-deux portraits de personnages français du xviii° siècle, par divers graveurs.

397 — Portraits de divers personnages français de tous états, par des graveurs français. 61 pièces.

398 — Diverses estampes par *Callot, Gillot, Chauveau*, etc. 106 pièces.

399 — Cent trente-deux pièces d'ornements pour l'orfèvrerie et la damasquinure, par *Francart, Blondus, Gilles l'égaré*, etc.

400 — Treize estampes, plusieurs d'après Chardin.

401 — Atala, d'après Girodet par *Massard*. Epreuve avant la lettre.

402 — Onze estampes, portrait de Raphaël par *Pontius*, Mignard par *Schmidt*, et autres portraits et sujets par *Visscher, Smith, Marc-Ardell*, etc.

403 — Un lot d'estampes de tous genres.

404 — Seize estampes diverses.

405 — Essais de gravures anciennes, reportés sur pierre par le procédé Dupont.

406 — BRÉEMBERG (Bartholoméo). L'œuvre complet de ce maître en 25 petits paysages gravés à l'eau-forte en 1639 et 1640. Cette suite est de la plus grande rareté à trouver complète, surtout les deux petits paysages sur une même feuille, et l'Ours dans une cuve, qui manquent à presque toutes les collections. Les épreuves sont très belles et bien conservées.

107 — SILVESTRE (Israël). Dessinateur et graveur à l'eau-forte.

L'œuvre de ce maître représentait des vues d'Italie, d'Espagne de France, d'Angleterre, de Constantinople et de Perse, telles que villes, bourgs, antiquités, églises, monastères, palais, châteaux, sépulcres, arcs-de-triomphe, colonnes, place publique, maisons, parcs, jardins, fontaines et grottes, des suites de paysages, etc., le plus grand nombre sur ses propres dessins, les autres d'après ceux de Henriet, Lincler, Daulier, Deslandes et Francart, et divers morceaux d'après lui, par *Colignon, Dexin, Favereaux, Fouard, Goyrand, Meunier; Noblesse, les Perelle* et *Quinault*.

Cet article, composé de 900 pièces, est contenu dans 4 vol. in-fol., v. b.

Cet œuvre, dont les épreuves sont très belles, provient du cabinet d'Israël Silvestre, n° 995 du catalogue.

108 — Recueil d'un grand nombre de vues des plus belles villes, palais, châteaux, maisons de plaisance, de France, d'Italie, dessinées et gravées par Israël Silvestre. Paris, 1750, Laurent Cars, graveur du roi, titre à chaque volume, et au premier un avis de l'éditeur indiquant le nombre de 557 planches, 4 vol. petit in-fol. obl. v. m.

109 — BELLE (Étienne de la). OEuvre de ce maître en cinq cent soixante estampes anciennes et belles épreuves gravées sur ces compositions et d'après celles de Raphaël, d'Israël Silvestre, et sur des bas-reliefs antiques, 1 vol. in-fol. v. m. reliure de Padeloup.

410 — Tiépolo (Giovani-Battista). L'adoration des Rois, et deux suites de caprices, l'une de vingt-deux morceaux, l'autre de dix.

Tiépolo fils (Giov.-Dom.). Idee pittoresche sopra la Fugga in Egitto. Vingt-sept pièces (titre et dédicace compris). Suite de vingt-six têtes, plus 38 morceaux, sujets de l'histoire sainte et de l'histoire profane, caprices, etc.

<small>Cet article contient 139 estampes, belles épreuves.</small>

411 — Smyth ou Smith (Jean), graveur en manière noire. Sujets sacrés et profanes, Vierge et Enfant-Jésus, Sainte-famille, Christ mort, d'après le Baroche, C. Maratte, Schidone, Carrache, Van Dyck, etc. La suite des amours des Dieux, d'après le Titien, et divers autres sujets de la fable d'après Véronèse, Skalken, de Ryck, Monoyer, Berchet, etc., etc. Pièces très-belles épreuves, plusieurs doubles avec différence, contenues dans 1 vol. in-fol., parch.

412 — Divers portraits et sujets doubles de l'œuvre ci-dessus, plusieurs encadrés.

413 — Portraits d'après Rembrandt; joueur de guitare d'après Hall; portrait de Rembrandt. Quatre pièces en manière noire par Marc Ardell et autres; deux sont avant la lettre

414 — La galerie du Luxembourg, peinte par Rubens, dessinée par Nattier et gravée par les graveurs du temps. Paris, 1 vol. in-

fol. dem.-rel. Belles épreuves avant les numéros.

415 — Paysages et petites figures gravées par Leclerc, petit in-4, obl. dem.-rel.

416 — Quinze figures à la mode, inventées et gravées par Rormyn de Hooge, et mis en lumière par N. Visscher.

417 — Illustrissimorum omnique virtutis et scientiarum laude præstantissimorum virorum icones, 1625, Romæ. 61 portraits.

418 — Portraits pour les vies des peintres de Van Gool, par Tanjé. 26 portraits.

419 — *Galerie Française.* Portraits des personnages les plus célèbres des XVe, XVIe, XVIIe et XVIIIe siècles, avec notices et fac-simile. 3 vol. grand in-4, dem.-rel.

420 — Traité nouveau et augmenté par George-Simon Winter pour faire race de chevaux. Nuremberg, 1687, trois parties en 1 vol. in-fol. vél. bl. fig.

421 — Catalogue raisonné d'objets d'art, du cabinet de feu M. Silvestre, chevalier de St-Michel et maître à dessiner des enfants de France, par Regnault Delande, peintre et graveur. Paris, 1810, in-8, br.

422 — Un lot de catalogue de tableaux, dessins et estampes, dont ceux de la Perriére, d'Erard, de Bonne maison et autres, plusieurs avec des prix.

MINIATURES ET OBJETS DE CURIOSITÉ.

423 — Petitot (Jean) de Genève. Un portrait d'homme, présumé La Bruyère; il est vu de trois quarts, en grande perruque, ses cheveux bouclés descendent et couvrent en partie le manteau violet qui l'enveloppe. Morceau émaillé sur or et monté en brasselet, du *cabinet Silvestre*.

424 — Hall. Scène de famille dans un paysage. Jolie miniature sur ivoire.

425 — Femme avec une mante. Miniature.

426 — Portrait d'homme peint sur émail.

427 — Sicardi. Portrait de femme dans des nuages. Miniature.

428 — Nymphes et Satyres; jolie miniature de Charlier.

429 — L'origine du dessin; peinture sur porcelaine de Vienne.

430 — Portrait du maréchal de Richelieu. Miniature.

431 — Dix miniatures, portraits d'hommes et de femmes, époque de Louis XIV et Louis XV. Cet article sera divisé.

432 — Demarne. Paysage fixé. Médaillon.

433 — Noel. Danse du Bolero; gouache.

434 — Statuette de la Vierge tenant l'Enfant-Jésus sculpture en bois, de l'école Allemande. Curieux morceau.

435 — Statuette de la Vierge, tenant l'Enfant-Jésus ; ivoire ancien.
436 — Statuette de la Vierge; ivoire moderne.
437 — Petit bas-relief en ivoire, représentant Léda ; il est encadré.
438 — Vénus Anadiomède, statuette en bronze par Pradier.
439 — La moisson. Deux enfants assis sur des gerbes de blé ; terre cuite de Claudion.
440 — Une Satyresse tenant des raisins; terre cuite de Claudion.
441 — Deux coupes étrusques à anse.
442 — Ancien verre de Venise, à pied avec moulure.
443 — Ancien verre de Venise, à pied avec moulure.
444 — Pot à lait en verre, avec moulure, ancien Venise.
445 — Grand verre à pied de Bohême, avec armoiries.
446 — Flacon en ancien verre de Venise, avec filets d'émail.
447 — Cinq petits verres à liqueurs, gravés.
448 — Verre de Venise, forme de tulipe.
449 — Deux vases en bleu de Chine, à fleurs bleues, montées en bronze doré.
450 — Plusieurs plats et assiettes de Chine.
451 — Deux tasses à pieds et leurs soucoupes, en porcelaine de Saxe, fond jaune à médaillons représentant des paysages, elles sont sous cylindre.

452 — Deux glacières en porcelaine.
453 — Coffret en pierre dure, monté en bronze doré, du temps de Louis XIII.
454 — Deux montres anciennes plaquées en or, époque Louis XIII.
455 — Pendule, le Temps, sur socle en rouge antique.
456 — Deux candelabres, figures ailées, en bronze.
457 — Pendule, le mouvement porté par un Sphinx; en terre cuite.
458 — Paires de bras à cinq lumières, bronze doré, style Louis XIV.
459 — Une autre paire de bras en bronze doré, à rubans et deux lumières, style Louis XV.
460 — Une autre paire de bras, en bronze doré, à deux lumières.
461 — Un grand bureau avec ornement en cuivre.
462 — Six épées anciennes et modernes, deux à poignées damasquinées; deux joncs, un à pomme d'or.
463 — Un lot de médailles grecques et romaines, monnaies turques et médailles modernes de l'Empire, la restauration, clichés, etc.
464 — Vases Médicis, Gladiateurs, etc., et autres objets en plâtre.
465 — Un grand bureau, genre de Boule.
466 — Une Danaé, figure en plâtre, sous cylindre.
467 — Des volumes de papier blanc, des portefeuilles et tous les articles omis.

Imp. Maulde et Renou, rue Bailleul, 9-11.

www.ingramcontent.com/pod-product-compliance
Lightning Source LLC
Chambersburg PA
CBHW030054230526
45471CB00003B/1092